DIGNIDAD DEL ABOGADO

JOSÉ CAMPILLO SÁINZ

DIGNIDAD
DEL
ABOGADO

ALGUNAS CONSIDERACIONES
SOBRE ÉTICA PROFESIONAL

DECIMOQUINTA EDICIÓN
Primera reimpresión

Editorial**Porrúa**®

Las características de esta edición son propiedad de
EDITORIAL PORRÚA, SA de CV – 4

Av. República Argentina 15 altos, col. Centro,
06020, Ciudad de México
www.porrua.com

Queda hecho el depósito que marca la ley

Derechos reservados

ISBN 978–970–07–7478–7

IMPRESO EN MÉXICO
PRINTED IN MEXICO

PRESENTACIÓN

C ON MOTIVO de su vigésimo aniversario, la Generación 1967-1971 de la Facultad de Derecho de la Universidad Nacional Autónoma de México, organizó un ciclo de conferencias al cual fue invitado el Lic. José Campillo Sainz, quien participó con la ponencia *Dignidad del Abogado. Algunas consideraciones sobre ética profesional.*

Para contribuir a la difusión de los conceptos vertidos por el maestro José Campillo Sainz, ya que consideramos deben ser conocidos y recordados por los profesionales del Derecho que laboran en esta Institución, nos dimos a la grata tarea de hacer la presente edición, en la cual también publicamos a manera de prólogo las palabras pronunciadas por el maestro Ricardo Méndez Silva, Director General de Extensión Académica de la UNAM, en la presentación del Lic. José Campillo Sainz ante el auditorio reunido en el Aula *Jacinto Pallares* de la propia Facultad el día 1º de diciembre de 1987.

PRÓLOGO

L AS AUTORIDADES universitarias recibimos con be-
   neplácito la decisión de la Generación 1967-
1971 de Abogados de celebrar el 20 Aniversario de
su ingreso a la Facultad de Derecho de la UNAM,
con un evento académico de alta jerarquía que ha
reunido a distinguidos maestros universitarios. En el
programa figuran el Lic. José Dávalos, actual Director de la Facultad de Derecho, el Lic. Italo Morales,
Director del Seminario de Derecho del Trabajo, el
Dr. Néstor de Buen Lozano, uno de los más distinguidos laboristas de México, y el Lic. José Campillo
Sainz, a quien honrosamente me corresponde presentar.

Antes de referirme al Maestro Campillo Sainz
deseo hacer dos reflexiones. La primera, sobre el acto
organizado por la Generación 1967-1971 de Abogados. Quienes un día logramos estar inscritos en nuestra Máxima Casa de Estudios, sabemos que la condición de universitario se ostenta más allá del tiempo
que pasamos en las aulas y trasciende nuestra rela-
ción con maestros y alumnos; se significa en la búsqueda de nosotros mismos en la edad juvenil y se

extiende, a lo largo de los años, por el camino de la inteligencia, de la exploración de todas las verdades, del desafío a cualquier dogma y de la solidaridad social. La Universidad Nacional es la vertiente central de la cultura mexicana, y sus miembros están obligados a llevar en su formación, la dignidad de los valores que la fundamentan: las libertades de pensamiento y expresión y la tolerancia a toda corriente de ideas. Quien egresa de esta Casa, en realidad nunca sale de ella, continúa arropado por su tradición y por su labor benigna. Por ello, el retorno de esta Generación, veinte años después, es sólo un regreso metafórico: son ustedes hijos perennes de la Universidad.

Mi segunda reflexión se refiere al Aula *Jacinto Pallares*, históricamente núcleo vibrante de la Facultad de Derecho. Aquí tiene lugar cotidianamente la impartición de las cátedras, aquí se han celebrado los memorables concursos de oratoria, las asambleas estudiantiles, los exámenes profesionales de licenciatura y doctorado. Aquí, también, hemos tenido la pena de recibir los féretros de nuestros grandes maestros a quienes hemos rendido una última guardia de honor. No hace mucho, en este sitio, entristecidos, gritamos una goya dolorida ante el cuerpo del Maestro Jorge Sánchez Cordero.

Y hoy aquí, en el transcurrir de la vida, en el intento nostálgico de salvar para siempre un ayer intenso, recibimos —lo digo con énfasis, y lo escribo con mayúsculas— al MAESTRO José Campillo Sainz. Fue profesor de esta Facultad por treinta años, nunca dejó de dedicarle a la preparación de cada clase, tres o cuatro horas, para ordenar su discurso académico, internarse en las novedades doctrinales y actualizar datos. Todos sabemos que fue Secretario de Industria y Comercio y ha sido, durante diez años, Director General del INFONAVIT. Su vocación y su constancia nacionalistas se tradujeron en leyes sobre inversión extranjera, tecnología, protección al consumidor, invenciones y marcas, que han servido a las mejores causas de México. El ser humano se reconoce por sus obras pero, indefectiblemente, se define por su actitud ante la vida. Y la nota que distingue al Licenciado José Campillo Sainz es, precisamente, su condición de Maestro, su ideal de aprender y transmitir los conocimientos a sus alumnos, enriquecidos con su propio acervo existencial. Así, ha sido Maestro dentro y fuera de las aulas, generoso en la entrega de su saber, de su experiencia, de los horizontes que ha sabido señalarle a los discípulos. Y lo mismo que ha sabido abrir la inquietud del conocimiento, nos ha abierto las puertas de su casa y nos ha ofrecido el don precioso de su familia y de sus afectos. Quienes lo hemos tratado hemos sido un poco mejores, merced a su generosidad.

Hace años, en una cena que seguramente él no recuerda, platicaba el Maestro Campillo Sainz sobre dos personajes de nuestra Universidad. Uno de ellos, decía, ostentaba una inteligencia poderosa, pero fría, casi ególatra. El otro, con menos reconocimiento político, pero también poseedor de un intelecto prodigioso, era una inteligencia en llamas, desbordada de amor. A catorce años de distancia, en este recinto, puedo decir que esa definición sobre el personaje que evocaba, ha sido siempre la mejor semblanza que he guardado de la personalidad del Maestro Campillo Sainz: una inteligencia llena de amor y bondad.

Mtro. Ricardo Méndez Silva
Director General de Extensión Académica
Universidad Nacional Autónoma de México

DIGNIDAD
DEL ABOGADO

ALGUNAS CONSIDERACIONES SOBRE ÉTICA PROFESIONAL

A GRADEZCO MUCHO a los integrantes de la generación 1967 que me hayan hecho el honor de invitarme a participar dentro de los actos que han organizado para festejar el vigésimo aniversario de su ingreso a esta Facultad que, durante cuatro siglos, ha enseñado a amar y a defender la Justicia a través del Derecho.

Es ésta una de las generaciones más brillantes que han pasado por las aulas. De ella forman parte una hija mía que es para mí motivo de orgullo y de ternura; el padre de un nieto que me llena de satisfacción y muchos de mis mejores y más queridos amigos.

Hoy, a veinte años de distancia de que entraron a esta Facultad, y después de que muchos de ustedes han ejercido durante más de dos lustros su profesión, he pensado que sería oportuno que hagamos juntos algunas reflexiones sobre la dignidad del abogado

3

y algunas consideraciones en torno a los derechos y deberes de los abogados.

La vida del abogado está expuesta permanentemente a tentaciones y flaquezas. Bajo el puente de nuestra profesión pasan todas las miserias del mundo. Se dice, por ello, que la abogacía puede ser *la más noble de las profesiones o el más vil de los oficios* (Couture).

Sin duda, por culpa de algunos de nuestro propio gremio, el vulgo nos ha hecho frecuentemente objeto de críticas, sátiras y burlas. Entre ellas se encuentra la maldición gitana: *entre abogados te veas;* la opinión tan divulgada de que el abogado está dispuesto a defender lo mismo una causa que la contraria; de que complica y enreda todas las cosas; de que el leguleyo, que originalmente en Roma era un ayudante del abogado que conocía las leyes casi de memoria, busca sólo prolongar los pleitos y no hallar las soluciones.

Diego Valadés nos dice que la gente habla de abogados de *secano,* de *sabana,* de *maniagua,* de *sequero* y de *trompito,* calificativos que, sin duda, no se nos dedican con el propósito de alabarnos. Y, yo añadiría, en México, al abogado *huizachero,* que es el de los pequeños poblados y que, en realidad, ignora el derecho. Se nos dice, finalmente, que somos tan capaces de todo, que hay hasta *abogados del diablo.*

4

Pero, frente a esta opinión, los méritos de los abogados han sido rescatados por reyes, estadistas, filósofos y poetas. En Atenas, se les llamó *consejeros de los reyes y gobernadores de los pueblos;* en Roma, *sacerdotes y profetas de la justicia.* Alfonso el Sabio llamó a los jueces *omes justos* y al de abogado *oficio muy provechoso;* se les llama letrados y Lope de Vega los menciona como *insignes por sus escritos.* En las Partidas, se dice que *las sabidurías de los derechos, son otra manera de caballerías con las que se. quebrantan atrevimientos y se enderezan los tuertos.* En España, los abogados eran considerados como caballeros y se decía que, después de que hubieran tenido veinte años de escuela de leyes, deben tener *rango de condes* y ser tenidos *quitos de pechos.* Couture, finalmente, define a la abogacía como una *ardua fatiga al servicio de la justicia.*

DIGNIDAD DEL ABOGADO

L A DIGNIDAD del abogado puede apreciarse si se toma en cuenta que el valor de un acto humano se mide por la elevación del fin que persigue. El fin de la actividad del abogado es realizar la justicia por medio del derecho.

El derecho persigue fines enlazados entre sí: la justicia, el orden, la seguridad, la libertad y la paz que, finalmente, se concretan en servir al perfeccionamiento y realización del hombre en toda su plenitud e integridad.

Sin orden y sin seguridad, una sociedad no podría existir y, por ello, se dice que el derecho es instrumento indispensable de la convivencia humana. Pero, un orden que no fuera justo sería un grave desorden moral que no realizaría los fines del derecho y una seguridad fundada en la arbitrariedad sería mera violencia sin justicia.

El abogado debe ser no sólo soldado de la justicia, sino también defensor de la libertad. La libertad tiene que ser el medio en que se desenvuelva y el fin hacia el que está encaminado su quehacer: la libertad de sí mismo y la libertad de quienes le encomiendan su defensa. Ningún abogado sin libertad podría demandar querellarse y oponerse o enfrentarse a la arbitrariedad o al abuso del poder. Los hombres son libres cuando las leyes son justas y el derecho se realiza. La injusticia es siempre una forma de servidumbre y fuente de violencia.

Con razón Protágoras nos dice en el diálogo platónico que los dioses hicieron a los hombres el don de la justicia, para que no se destruyeran unos a otros. Cuando la justicia se aleja de una sociedad, su lugar lo ocupa la violencia. La violencia que ejercen los fuertes y los poderosos sobre los débiles y la violencia a la que acudirán los débiles como recurso supremo contra la explotación o la opresión.

Por eso, la justicia es también otro nombre de la paz, que puede definirse como *la justicia en el orden*. Justicia, orden, seguridad, libertad y paz, son pues, términos interdependientes e íntimamente entrelazados, que deben darse conjuntamente para lograr su fin último, que es el de permitir el pleno desenvolvimiento y perfección del hombre.

Cuando en el Critón, Platón nos narra que, en cumplimiento de una sentencia injusta, Sócrates bebió la cicuta para no contrariar las leyes de Atenas, se respetó la seguridad jurídica; pero a todos nos queda la conciencia de que se cometió una grave injusticia.

7

LA JUSTICIA Y EL DERECHO

L A JUSTICIA es el valor dominante entre aquéllos que el derecho aspira a realizar. Por ello, los romanos definían la ciencia del derecho como *el conocimiento de las cosas divinas y humanas, de lo justo y lo injusto.*

La justicia es armonía de las partes del alma y de los componentes de la sociedad. Ulpiano la definió como *la perpetua y constante voluntad de dar a cada uno lo suyo.* Subjetivamente, es una disposición del ánimo; una voluntad, una actitud de la conciencia; *la más alta de las virtudes,* según decía Aristóteles, *la que brilla más que la estrella matutina o vespertina.* Pero, el objeto de esa virtud debe ser dar a cada quien lo suyo.

Y yo me pregunto ¿qué es lo suyo?; ¿es solamente la contraprestación debida para guardar igualdad en los cambios? Evidentemente que eso es lo suyo, cuando se ha dado una prestación y se espera una contraprestación proporcional. Pero, ¿no es también lo suyo, lo de cada persona, el derecho a la existencia? ¿No es lo suyo el derecho a la vida digna y libre? ¿No es un derecho, también, que esa vida digna y libre se sustente en un mínimo de bienestar que haga posible el ejercicio real de la libertad y que preserve la dignidad de los hombres? ¿No es lo suyo la posibilidad de participar en la vida de la comunidad; de informarse, de integrarse, de ejecutar un trabajo, de realizar una actividad que permita el desenvolvimiento de su capacidad creativa y realizarse plenamente como hombre?

La historia de los hombres y de la humanidad ha sido, en realidad, la de una marcha hacia su liberación y de un ascenso hacia formas más elevadas de dignidad y de justicia. Por eso, la fórmula de Ulpiano se ha venido enriqueciendo con el tiempo y adquiere cada vez mayores y más ricos significados.

Por eso, si examinamos la evolución del derecho, nos encontramos con la abolición de la esclavitud; con la igualdad de derechos a la mujer; con la extensión del sufragio; con la condenación, cada vez más generalizada, de la discriminación por motivos raciales o religiosos; con la creación de los derechos sociales; con la proclamación del derecho al trabajo, a la salud y a la vivienda.

Couture dice que en el derecho hay otros valores involucrados; pero el que lo define esencialmente es la justicia. La justicia nos manda tratar igual a los iguales y de manera proporcionalmente desigual a los desiguales; pero esta norma general va llenándose de contenido y ensanchando su significación por la historia y los afanes de los hombres. El derecho no es un fin en sí mismo, es un medio de realizar la justicia y otros valores que también afectan a la vida de la colectividad. Por eso, los tribunales en que se aplica no reciben en su jerarquía máxima el nombre de tribunales de derecho, sino, como en nuestro país, se titulan Suprema Corte de *Justicia.*

De ahí el mandato al abogado: *cuando en el fondo de tu conciencia surja el conflicto entre el derecho y la justicia, lucha por la justicia; lucha por ella procurando que la fórmula jurídica, al aplicarse al caso concreto, se rija por los dictados de la justicia.* Lucha por ella cuando la ley te parezca injusta y reclama su modificación para hacer del derecho no un coto definitivamente cerrado, sino instrumento de cambio, de superación, de bienestar y de justicia.

Es así como se explica el 8º mandamiento que tan brillantemente expresara Couture: *ten fe en el derecho como el mejor instrumento para la convivencia humana;* en la justicia como destino normal del derecho; en la paz, como sustitutivo bondadoso de la justicia y, sobre todo, ten fe en la libertad, sin la cual no hay derecho, ni justicia, ni paz.

EL CAMBIO Y EL DERECHO

E L ABOGADO, nos dice Diego Valadés, es el notario de la historia, en tanto que recoge en leyes e instituciones el progreso de la humanidad y de su marcha ascendente hacia formas más elevadas de justicia y libertad.

Pero, el abogado es también factor de cambio y debe hacer del derecho un instrumento útil para el progreso y desenvolvimiento de la humanidad; recoger las situaciones cambiantes; estar atento a las nuevas necesidades; a las nuevas convicciones; a los nuevos datos morales y sociales que se despiertan en la conciencia colectiva y a las aspiraciones de los hombres. Sólo cuando el cambio se institucionaliza a través del derecho, tiene efectividad y permanencia.

CARIDAD Y JUSTICIA

N o RESISTO, finalmente, la tentación de hacer en este punto la comparación entre la caridad y la justicia. La justicia consiste en dar a cada uno *lo suyo;* la caridad, en cambio, consiste en estar dispuesto a dar *de lo suyo* a los demás; a darse a sí mismo, si es necesario y darse con amor. No es lícito nunca pretender dar por caridad, lo que se debe en justicia. Yerra el empresario que aspira a dar a sus trabajadores por pura inclinación bondadosa, por caridad, lo que en derecho y en justicia les corresponde. La caridad debe ejercerse yendo más allá de la justicia. Dar más de lo que ésta exige y trascender lo meramente justo iluminándose con el amor. Hay quien dice que la justicia abrió una brecha hacia la caridad a través de la equidad; pero yo creo que no hay una brecha, sino un camino permanentemente abierto. El hombre justo es el que tiene una voluntad recta, un ánimo propicio y constante de dar a los demás lo que a su dignidad corresponde y no sería realmente justo, si lo hiciera con mezquindad y con recelo; si no añadiera a esa voluntad recta el adorno de la caridad y el amor hacia sus semejantes.

EL ABOGADO, PROCURADOR
DE LA JUSTICIA Y CURADOR
DE LA LIBERTAD

Pero, he hecho ya un muy largo exordio. Para entrar de manera más concreta en el tema, lo resumiré diciendo que el abogado debe ser quien usa el derecho para servir a la justicia; *un procurador de la justicia y un curador de la libertad* (Diego Valadés) que debe llevar en su ánimo una fe inquebrantable en la justicia y pienso, como dice Calamandrei, que *quien tiene fe en la justicia consigue siempre, aun a despecho de los astrólogos, hacer cambiar el curso de las estrellas.* Partamos de esta convicción. Los abogados podemos cambiar el curso de las estrellas si tenemos una causa justa y luchamos por ella.

Todos los abogados egresados de esta tan ilustre y querida Escuela, al recibir nuestro título hicimos un juramento que debemos tener siempre presente. Juramos que al ejercer nuestra profesión tendríamos como norma suprema de nuestra conducta no sólo

13

la ley sino, también, la moral y la justicia. Juramos tener siempre en cuenta que las personas que ponen en nuestras manos la defensa de su fortuna, de su honor, de su libertad y, tal vez, su vida, confían no sólo en nuestro saber, sino también y, acaso más, en nuestra lealtad y honradez, estimando que seríamos incapaces de anteponer a sus legítimos intereses, los nuestros personales o nuestras pasiones.

Un juramento es un acto solemne que obliga a quien lo pronuncia y en ese que nosotros pronunciamos pueden resumirse las normas de ética a que debe ajustarse el ejercicio de nuestro quehacer.

14

CÓDIGOS DE ÉTICA PROFESIONAL
Y DEBERES DEL ABOGADO

S E HAN expedido códigos de ética profesional en muchos países del mundo. Sus preceptos coinciden esencialmente. En México, el único código vigente que yo conozco es el expedido por la Barra Mexicana, Colegio de Abogados, el 13 de octubre de 1948. En él se zanjan algunas cuestiones con las que algunos tratadistas no están de acuerdo y se resuelven, a mi modo de ver, justamente. Algunos de sus preceptos, aquéllos que de manera especial interesan al orden público, han sido recogidos en nuestro Código Penal para el Distrito Federal en Materia de Fuero Común y para toda la República en Materia de Fuero Federal, tipificando como delito su violación.

SERVIDOR DEL DERECHO
Y COADYUVANTE DE LA JUSTICIA

EL PRIMER deber del abogado es, en el Código de la Barra, el de tener presente que es un servidor del derecho y un coadyuvante de la justicia y que la esencia de su deber profesional es defender diligentemente y con estricto apego a las normas morales, los derechos de su cliente. El abogado debe luchar por la justicia; es un deber luchar por el derecho y pugnar por la justicia y la moral. Este es el sentido profundo de la obra de Ihering: *la lucha por el derecho*. El abogado debe saber que cuando se vulnera el derecho de uno solo, se agravia y pone en peligro el derecho de todos.

HONOR Y DIGNIDAD PROFESIONALES

S E NOS impone también, como deber, mantener el honor y la dignidad profesionales y combatir por todos los medios lícitos la conducta reprobable de jueces, funcionarios públicos y compañeros de profesión.

El honor y la dignidad del abogado están íntimamente ligados con su independencia. Su independencia frente al cliente, frente al magistrado o funcionario; frente a amenazas y coacciones. Por eso, el abogado ejerce su ministerio en la libertad y es defensor de la libertad. Su independencia es señal de una conciencia recta, y puede resumirse diciendo que es el sentimiento del deber; es la *altivez que se rebela ante la riqueza cuando oprime y ante la ley cuando es injusta* (Montaigne).

La independencia del Foro es patrimonio de todos los ciudadanos. Se dice que la persona humana sólo se realiza plenamente cuando llega a cultivar lealtades a las que concede mayor valor que a la vida. Hay dos cosas, decía Berryer, por las que hay que luchar aun a costa de la vida: la justicia y la libertad.

PROBIDAD Y BUENA FE

E L ABOGADO debe obrar con probidad y buena fe. El que abusa de su impunidad, inventa o desnaturaliza los hechos, trunca o falsifica documentos, invoca mistificando la doctrina o el derecho es sólo, según frase de Mirabeau, *un mercader de palabras, de mentiras y de injurias.* El abogado debe saber derecho; pero principalmente debe ser un hombre recto.

El artículo 231, fracción I del Código Penal para el Distrito Federal, impone suspensión de un mes a dos años y multa de $ 50.00 a $ 500.00 a los abogados, patronos o litigantes que aleguen, a sabiendas, hechos o leyes inexistentes o derogados.

En el abogado, decía Ossorio y Gallardo, *la rectitud de la conciencia es mil veces más importante que el tesoro de los conocimientos. Primero, es ser bueno, luego, ser firme, después ser prudente, la ilustración viene en cuarto lugar y la pericia en el último.*

GESTIONES DILATORIAS

E<small>L ABOGADO</small>, dice el artículo 4º del Código de la Barra, debe abstenerse del empleo de formalidades y de recursos innecesarios; de una gestión puramente dilatoria que entorpezca injustamente el normal desarrollo del procedimiento. En el artículo 231, fracción II del Código Penal se sanciona con la misma suspensión y multa la violación de dicho precepto.

Independientemente de las disposiciones legales, don Ángel Ossorio y Gallardo se plantea la cuestión moral de la chicana en su libro *El Alma de la Toga* y dice que ésta es aceptable cuando está encaminada a obtener tiempo para impedir que se cometa una injusticia. Pone, como ejemplo, un asunto en que se ha citado para sentencia en término de diez días y no es posible recibir, en consecuencia, la declaración de un testigo que es fundamental para el fallo del negocio y que se encuentra de viaje.

El Código Penal configura como delito pedir términos para probar lo que notoriamente no puede probarse o no ha de aprovechar a su parte; promover artículos o instancias que motiven la suspensión del juicio o de cualquier otra manera de provocar dilaciones que sean notoriamente ilegales. Cabe señalar, de paso, que la levedad de las penas que impone el artículo 231 del Código Penal, hace que, en un momento dado, puedan pesar poco en el ánimo de un litigante que pretenda incurrir en estas violaciones.

COHECHO

E N SU artículo 5º el Código de Ética establece que el abogado que en el ejercicio de su profesión coheche a un funcionario público o auxiliar de la impartición de la administración de justicia, faltará gravemente al honor y la ética profesional y cuando le conste un hecho de esta naturaleza, tiene el deber de hacerlo saber a su Colegio de Abogados.

El Código Penal para el Distrito Federal en su artículo 222 tipifica el cohecho como un delito y dice que lo comete el servidor público que por sí, o por interpósita persona, solicite o reciba indebidamente para sí o para otro, dinero o cualquier otra dádiva o acepte una promesa para hacer o dejar de hacer algo justo o injusto relacionado con sus funciones, así como el que de manera espontánea da u ofrece dinero o cualquier otra dádiva para que cualquier servidor público haga u omita un hecho justo o injusto relacionado con sus funciones. Las penas consisten, según la cuantía de la dádiva o promesa, en prisión, multa y destitución e inhabilitación para ejercer otro empleo, cargo o comisiones públicas.

A mi juicio, éste es uno de los problemas que más recta conciencia del abogado exige en el ejercicio de su profesión. No hay duda alguna de que se incurre en el incumplimiento del deber, cuando espontáneamente se ofrece una dádiva al servidor público; pero, en cambio, la duda surge cuando, como desgraciadamente ocurre, la dádiva es solicitada por el propio servidor o funcionario. Es el viejo y grave problema de la *mordida*.

Quizá convenga hacer varias distinciones. El abogado vive una realidad en donde se debaten las ambiciones, las acechanzas, las amenazas, las solicitudes de dar dinero para que se haga lo que es justo.

Creo que debe distinguirse un primer caso que sería el de la gratificación o propina que se da a un servidor público para que acelere o despache un trámite que no está directamente relacionado con la sentencia o resolución del asunto. En este supuesto se está incurriendo evidentemente en una falta, ya que ella se comete cuando se da u ofrece una dádiva aun para hacer algo que es justo y esté relacionado con las atribuciones de la persona a quien se le ofrece. Además, de alguna manera se está contribuyendo a la corrupción de servidores públicos; pero la dura realidad a la que el abogado frecuentemente se enfrenta, es que si no procede de esa manera su asunto sencillamente no camina.

Hay, en ese caso, una falta, sin duda; aunque su gravedad sea menor que cuando se da u ofrece el dinero o la dádiva para influir en el sentido mismo de la resolución, así se trate de la sentencia definitiva o de un incidente en el proceso. Aquí es claro que se está incurriendo en la violación al precepto de la ética profesional que prohibe el cohecho y en el delito que tipifica el Código Penal.

Sin embargo, puede ocurrir y, desgraciadamente ocurre, que sea el funcionario, por sí o por interpósita persona, quien solicite la dádiva y que de su resolución dependa la vida, la felicidad o la fortuna de una familia. En este caso la licitación delictuosa por parte del funcionario asume un carácter equivalente al del asalto en que un ladrón nos pone ante la disyuntiva de entregarle la bolsa o la vida.

En este caso extremo, a mi juicio, el litigante debe considerarlo profunda y cuidadosamente en conciencia; debe medir los daños que causará la resolución desfavorable y la posibilidad de que ellos sean reparados mediante los recursos que la ley le otorga.

La actitud del abogado debe ser, en principio y como norma, la de rehusarse a otorgar la dádiva que se le pide y acudir a los recursos que la Ley establece para reparar la injusticia que en su contra se comete, así como tener presente el deber y la posibilidad de denunciar la conducta delictuosa ante las autoridades que correspondan y ante su propio Colegio de Abogados.

Debemos partir de la base de que si todos los abogados nos rehusamos a otorgar las dádivas que indebidamente se nos pidan, finalmente dejarán de solicitarse y habremos contribuido a mejorar la administración de justicia y el ejercicio de nuestra profesión. La corrupción inficiona y amenaza; pero es deber de todos luchar contra ella y buscar una auténtica renovación moral de la sociedad que sólo puede empezar por nosotros mismos.

Las leyes que rigen la responsabilidad de los servidores públicos prevén casos en que puede enmascararse la dádiva o ganancia ilícita y establece que los servidores públicos (artículo 47, fracción XV), durante el ejercicio de sus funciones y hasta un año después, no podrán solicitar o recibir por sí o por interpósita persona, dinero u objetos mediante enajenación a su favor, a un precio notoriamente inferior al que tengan en el mercado o cualquier donación, empleo, cargo o comisión para sí o para sus parientes hasta el cuarto grado o para personas con las que tengan relaciones profesionales, laborales o de negocios, o socios o sociedades de las que el servidor público o las personas antes referidas formen o hayan formado parte. Esta es una manera de evitar lo que en el fondo es sólo una forma de cohecho.

INFLUENCIAS SOBRE EL JUZGADOR

Intimamente ligado a la prohibición del cohecho, se encuentra el deber del abogado de no tratar de ejercer influencia sobre el juzgador, apelando a vínculos políticos o de amistad, usando recomendaciones o recurriendo a otro medio que no sea el de convencer con razonamientos.

A los tribunales debe entrarse con espíritu puro y confiar en que sobre cualquier influencia o recomendación, el mejor medio para lograr el éxito es sencilla, oscura y modestamente tener razón (Calamandrei).

Por lo que toca al funcionario público, el Código Penal (artículo 221) ha regulado también como delito, el tráfico de influencia que se comete por el servidor público cuando por sí o por interpósita persona, promueva o gestione la tramitación o resolución ilícita de negocios ajenos a su empleo, así como cuando promueva cualquier resolución a la realización de cualquier acto que produzca beneficios económicos para sí, o para su cónyuge o parientes hasta el cuarto grado o para personas con las que tenga vínculos afectivos, económicos o de dependencia administrativa.

LIBERTAD PARA ACEPTAR O RECHAZAR ASUNTOS

E<small>N LOS</small> Códigos de Ética Profesional se consagra y, así lo hace el de la Barra, la libertad del abogado para aceptar o rechazar los asuntos en que se solicite su patrocinio sin necesidad de expresar el motivo de su resolución. No debe aceptar un asunto en que haya de sustentar tesis contrarias a sus convicciones o cuando no esté de acuerdo con el cliente en la forma de plantearlo o desenvolverlo.

Los abogados que reciben una iguala, que prestan sus servicios en virtud de un contrato de trabajo y para los funcionarios públicos, se establece que estarán obligados, en principio, a aceptar los asuntos que se les encomienden; pero deberán excusarse de atender un caso concreto cuando sea contrario a sus convicciones.

El abogado tiene la obligación de juzgar sobre la justicia y procedencia jurídica del asunto que se le encomienda. Está obligado a ilustrar al cliente sobre la justificación moral de su causa y las posibilidades de éxito. Debemos hacer entender a los clientes que los abogados *no han sido creados para poner trampas a la justicia* (Calamandrei). Se consagra, de esta manera, la independencia y la libertad del abogado y se salvaguardan su honor y su dignidad.

OBLIGACIÓN DE DEFENDER
A INDIGENTES

E L ABOGADO, dice el artículo 7º del Código de la Barra, está obligado a defender gratuitamente a los indigentes cuando así lo soliciten y cuando recaiga nombramiento de oficio. La profesión de abogado es un ministerio que se ejerce de alguna manera en beneficio público para que la justicia se complete y el derecho se aplique. Ligado a esta obligación se encuentra el derecho que el abogado tiene para hacerse cargo de la defensa de un acusado, cualquiera que sea su opinión personal y habiéndola aceptado, debe emplear en ella todos los medios lícitos por el mejor resultado de su gestión.

SECRETO PROFESIONAL

E L ABOGADO tiene también el deber de guardar el
secreto profesional. Es para él, al mismo tiempo, un deber y un derecho. Es deber que obliga aun
en el caso de que el abogado no haya aceptado patro-
cinar el negocio y aun para aquellos hechos que le
hubiesen sido informados por terceros o de los que
se hubiere enterado con motivo del asunto en que hubiere intervenido. Cubre, así mismo, las confidencias
de los colegas. Cuando sea objeto de un ataque grave
e injustificado de su cliente, estará dispensado de la
obligación de guardar el secreto y podrá revelar lo
indispensable para su defensa.

Se ha planteado frecuentemente la duda de si el
abogado está obligado a guardar el secreto profesional cuando el cliente le informa de su intención
de cometer un delito o, peor aún, cuando el cliente
le confía que es el autor de un delito por el que se
va a sentenciar o ha sentenciado a otra persona.

Don Ángel Ossorio y Gallardo sostiene que en
este caso el deber del secreto cede en favor de la
justicia y el abogado debe evitar la condenación de

un inocente. En el Foro francés, nos informa Molierac en su libro *La iniciación a la abogacía* que la solución fue la contraria.

El Código de la Barra Mexicana establece que cuando un cliente comunicare a su abogado la intención de cometer un delito, tal confidencia no quedará amparada por el secreto profesional y el abogado deberá hacer las revelaciones necesarias para prevenir un acto delictuoso o proteger a personas en peligro. No contempla expresamente el caso del cliente que es culpable del delito por el que se va a condenar o ha condenado a otra persona. Pero creo que por mayoría de razón, debe aplicarse el mismo criterio, es decir el que sustenta don Ángel Ossorio (artículos 10, 11 y 12).

En varios códigos de ética se dice, sin embargo, que el abogado debe hacer lo necesario para que el delito no se cometa o para que se exculpe al inocente; pero procurando guardar siempre el secreto de su cliente.

El Código Penal, por su parte, en los artículos 210 y 211 considera como delito la revelación sin justa causa, con perjuicio de alguien y sin consentimiento del que pueda resultar perjudicado, de secretos que se hubieren conocido con motivo del empleo, cargo o puesto y la pena se agrava en caso de que la revelación punible sea hecha por persona que presta servicios profesionales o técnicos o por funcionario o empleado público.

DEBERES DE DECORO

O TRAS NORMAS de ética profesional derivan sencillamente del deber primordial de cuidar el honor y la dignidad de la profesión. Entre estos deberes se encuentran el de evitar la búsqueda de clientes mediante publicidad y gestiones excesivas o sospechosas; la publicidad provocada directa o indirectamente por el abogado con fines de lucro o en elogio de sí mismo; usar la prensa para discutir los asuntos que se le encomiendan o publicar, en ella, piezas de autos, salvo para rectificar, cuando la justicia o la moral lo exijan; dar habitualmente consultas y emitir opiniones por conducto de periódicos, radio o cualquier otro medio de publicidad sobre negocios jurídicos concretos que se le planteen, siendo o no gratuitos sus servicios, o dar opinión sobre determinado asunto con el propósito de provocar un juicio o granjearse un cliente, salvo cuando lazos de parentesco o íntima amistad lo induzcan a obrar así.

No debe nunca el abogado permitir que se usen sus servicios profesionales o su nombre para facilitar o hacer posible el ejercicio de la profesión por los que no estén legalmente autorizados para ejercerla (artículo 24).

DEBERES PARA CON EL CLIENTE

Es DEBER del abogado para con su cliente servirlo con eficiencia y empeño, y hacer valer sus derechos sin temor a la animadversión de las autoridades ni a la impopularidad; no debe supeditar su libertad ni su conciencia a su cliente; ni exculparse de un acto ilícito atribuyéndolo a instrucciones del mismo.

Nunca debe el abogado asegurar a su cliente que su asunto tendrá buen éxito, ya que influyen en la decisión de cada caso numerosas circunstancias imprevisibles, sino sólo opinar, según su criterio, sobre el derecho que le asiste. Debe siempre favorecer una justa transacción.

Está obligado, también, a reconocer espontáneamente la responsabilidad que le resulte por su negligencia, error inexcusable o dolo, allanándose a indemnizar al cliente por los daños y perjuicios que le hubiere ocasionado.

El abogado deberá siempre revelar al cliente si tuviere algunas relaciones con las partes o se encontrase sujeto a influencias adversas a los intereses del cliente. Es gravemente indebido servir profesionalmente en cualquier forma a quienes tengan intereses encontrados, excepto cuando las partes lo autoricen en forma expresa. Esta regla se aplica también a aquellos casos en que el abogado sea separado del negocio por causa justificada (artículo 30). El Código Penal, en su artículo 232, fracción I, considera un delito la violación de esta regla.

Una vez aceptado el patrocinio de un asunto, el abogado no podrá renunciar a él sino por causa justificada superviniente. Aun en estos casos no debe dejar indefenso a su cliente.

El propio artículo 232, en su fracción II, considera delito el abandono de un cliente o negocio sin motivo justificado y causando daño. La fracción III considera delictuosa la conducta del defensor de un reo que se concreta a aceptar el cargo y a solicitar la libertad caucional sin promover las pruebas ni dirigir al reo en su defensa (artículo 31).

El abogado ha de velar porque su cliente guarde respeto tanto a los jueces y a otros funcionarios cuanto a la contraparte y a sus abogados y a los terceros que intervengan en el asunto y porque no ejecute actos indebidos. Si el cliente persiste en su actitud reprobable, el abogado debe renunciar a su patrocinio.

Cuando el abogado descubra una equivocación que beneficie injustamente a su cliente o una impostura, deberá comunicárselo para que rectifique o renuncie al provecho que de ellos pudiera obtener. Si el cliente no está conforme, el abogado debe renunciar al patrocinio.

OBLIGACIONES FRENTE A LOS JUECES

E L ABOGADO debe guardar respeto a los tribunales y a otras autoridades y ha de apoyarlos siempre que en forma injusta o irrespetuosa se les ataque o se falte al acatamiento que manda la Ley. Cuando haya fundamento serio de queja en contra de un funcionario, el abogado debe presentar su acusación ante las autoridades correspondientes y ante su Colegio de Abogados.

Es deber también del abogado luchar por todos los medios lícitos porque el nombramiento de jueces se deba exclusivamente a su aptitud para el cargo y porque no se dediquen a otras actividades distintas de la judicatura, que pudieran privarles su imparcialidad en el cumplimiento de sus funciones. Estas reglas se aplican respecto de todo funcionario ante quien habitualmente deben actuar los abogados para el cumplimiento de su profesión.

HONORARIOS

E L PROBLEMA de los honorarios es también tratado en los códigos de ética profesional y, en general, se considera que el abogado debe recordar que su profesión lo obliga, ante todo, a colaborar en la aplicación del derecho y a favorecer el triunfo de la justicia y que la retribución por sus servicios no debe constituir el fin principal del ejercicio de aquélla. Esta remuneración no ha de pecar por exceso o por defecto, contrarios ambos, a la dignidad profesional.

Los criterios que se dan para la estipulación de los honorarios son: la importancia de los servicios; la cuantía del asunto; el éxito obtenido y su trascendencia; la novedad, la dificultad de las cuestiones debatidas; la experiencia, la reputación y especialidad del abogado; la capacidad económica del cliente, su pobreza obliga a cobrar menos y aun a no cobrar nada; si los servicios profesionales son aislados, fijos o constantes; la responsabilidad que se deriva de la atención del asunto; el tiempo empleado en el patrocinio; el grado de participación del abogado en el estudio y el planteamiento del caso; si el abogado solamente patrocina al cliente o también lo sirvió como mandatario; la posibilidad de resultar el abogado impedido de intervenir en otros asuntos o de desavenirse con otros clientes o terceros.

PACTO DE *CUOTA LITIS*

DURANTE VARIOS siglos se consideró que el pacto de *cuota litis* era contrario a la dignidad profesional, porque hacía depender el honorario del abogado del resultado del negocio y significaba que el abogado aceptaba de antemano que sus honorarios no le fueran cubiertos a pesar de que hubiera puesto en el asunto sus conocimientos, su dedicación, su tiempo y su esfuerzo. Se pensaba, además, que el abogado perdía su independencia para el manejo del caso, al adquirir interés dentro de él. Sin embargo, la realidad ha venido imponiéndose y el pacto de *cuota litis* es aceptado por el Código de Ética de la Barra Mexicana.

Son frecuentes los casos en que la capacidad del cliente para pagar los servicios del abogado depende, precisamente, del resultado que tenga el negocio que le encomienda. El Código de la Barra, en su artículo 36, acepta el pacto de *cuota litis,* celebrado sobre bases equitativas y lo sujeta a las siguientes reglas:

Que la participación del abogado nunca sea mayor que la del cliente; que en caso de que el abogado se separe del negocio o el cliente se lo retire para confiárselo a otro, si el negocio se gana, el abogado tendrá derecho a cobrar una cantidad proporcional a sus servicios y a la participación convenida; si el negocio se pierde el abogado podrá cobrar los honorarios comunes que se estimen devengados cuando el cliente le haya retirado el asunto sin causa justificada.

Si el asunto se perdiere, el abogado no cobrará, excepto cuando se hubiere estipulado a su favor una suma razonable para cubrir los gastos. En general, se estima que el abogado debe evitar toda controversia con el cliente acerca de sus honorarios, hasta donde eso sea compatible con la dignidad profesional y con su derecho a una adecuada retribución por sus servicios; procurará que el caso se someta al arbitraje de su Colegio de Abogados y si se viere obligado a demandar al cliente, es preferible que se haga representar por un colega (artículo 37).

INTERÉS DEL ABOGADO EN EL ASUNTO

No es correcto que el abogado convenga con el cliente en expensar los gastos del juicio, aunque puede anticiparlos sujetos a reembolso.

Tampoco es correcto que adquiera interés pecuniario de ninguna clase respecto del asunto que patrocina o ha patrocinado ni que adquiera bienes relacionados con el litigio en los remates judiciales que sobrevengan.

Falta gravemente a la ética profesional, el abogado que dispone de fondos de sus clientes (artículos 39 y 40).

DEBERES ENTRE LOS ABOGADOS

ENTRE LOS abogados debe haber fraternidad y respeto recíproco, sin que influya en ellos la animadversión de las partes; deben ser caballeros con sus colegas y facilitarles la solución de inconvenientes momentáneos cuando por causas que no les sean imputables, como ausencia, duelo o enfermedad o fuerza mayor, estén imposibilitados para prestar sus servicios.

El abogado no ha de entrar en relaciones con la contraparte, sino por conducto de su abogado y sólo con la intervención de éste debe celebrar convenios o transacciones (artículos 41, 42 y 43).

El abogado no debe interpretar como falta de confianza del cliente que le proponga la intervención de otro letrado en el asunto que le ha encomendado; pero podrá rechazar la colaboración propuesta cuando tenga motivo para hacerlo, sin necesidad de expresar éste. Si el primer abogado objetara la colaboración, el segundo se abstendrá de intervenir; pero, si el primero se desligara del asunto, podrá aceptarlo el segundo.

Sin embargo, el abogado no deberá intervenir en favor de persona patrocinada en el mismo asunto por un colega, sin dar previamente aviso a éste, salvo el caso de renuncia expresa del mismo. En todo caso, tiene la obligación de asegurarse de que los honorarios del colega han sido pagados.

ASOCIACIONES DE ABOGADOS

L os abogados podrán asociarse para ejercer la profesión con otros abogados; pero en ningún caso deberán hacerlo con el propósito ostensible e implícito de aprovechar indebidamente su influencia para conseguir asuntos. El nombre de la asociación habrá de ser el de uno o más de sus componentes con exclusión de cualquier otra designación. Si falleciere o se retirare un miembro, podrá mantenerse su nombre si consta claramente esta circunstancia. Cuando uno de los asociados acepte un puesto oficial incompatible con el ejercicio de la profesión, deberá retirarse de la asociación a la que pertenezca y su nombre dejará de usarse.

VIGENCIA Y APLICACIÓN DE ÉTICA PROFESIONAL

L AS NORMAS del código regirán todo el ejercicio de la abogacía (artículo 18) y en su observancia y aplicación se atenderá al espíritu de elevada moral y superior justicia que lo inspiró.

Al resolver las quejas o acusaciones que se presenten por la infracción de sus preceptos, se tomarán en cuenta todas las circunstancias del caso para determinar en conciencia si se ha violado dicho espíritu.

Estas normas están encaminadas preferentemente a normar la conducta del abogado postulante. Pocos son los preceptos del código que se refieren a otros aspectos del ejercicio de la profesión. Algunos aluden a los defensores de oficio y otro pudiera ser aplicable al ministerio público, cuando en el artículo 9º se dice que el abogado que tenga a su cargo la acusación de un delincuente ha de considerar como su deber primordial el de conseguir que se haga justicia y no obtener la condenación.

En el artículo 6º se alude a los funcionarios públicos diciendo que deberán excusarse de atender un asunto concreto, cuando se encuentren en los casos de prohibición que señala el párrafo primero del mismo precepto, o sea cuando haya de sustentar tesis contrarias a sus convicciones, inclusive las políticas o religiosas. En este caso deberá exponer sus razones al superior jerárquico y si éste no admitiere la excusa y el abogado confirmare su decisión, después de hacer un examen que sea fundado, deberá sostener enérgicamente la independencia que constituye un rasgo distintivo de la abogacía y, en último extremo, aunque el código no lo diga, quizá tenga que presentar su renuncia.

DE LOS JUECES

DE LOS jueces, el Código de Ética no se ocupa porque sus preceptos están dirigidos a los abogados; pero la función del juez es de primordial importancia en la aplicación y la vida del derecho. Son ellos quienes dan contenido a las normas y determinan el derecho que rige en la realidad. Son ellos quienes tienen que tomar en cuenta las convicciones morales, la conciencia prevaleciente de la colectividad y los intereses que tratan de satisfacerse; los cambios en las condiciones sociales y económicas; interpretar las normas de manera que se apegue a los valores, necesidades e imperativos que la realidad, con apego a la justicia le dicte.

Los ingleses decían que el derecho, en última instancia, es la decisión de tres en la sala de cinco. Todos sabemos que las modificaciones que al Derecho constitucional norteamericano ha venido introduciendo la Suprema Corte de Justicia y en nuestro país hemos tenido también ejemplos de cómo las interpretaciones de los tribunales van modificando la aplicación de las leyes.

En materia de trabajo, por ejemplo, un tiempo se sostuvo que las Juntas no eran tribunales con facultad de imperio; que corría a cargo del trabajador la prueba del despido; que la inactividad en el procedimiento durante tres meses, cualquiera que fuere su causa, podría permitir que se declarara al actor desistido de su acción.

La realidad y un nuevo sentido de la justicia se impusieron para que estas tesis jurisprudenciales fueran cambiadas. La jurisprudencia se hace obligatoria cuando se sostienen las mismas tesis en cinco ejecutorias y aprobadas por la mayoría de votos que la Ley establece.

El juez es parte importante no sólo en la aplicación sino en la creación y transformación del derecho. El desempeño de su cometido requiere, sin embargo, tanto o más que en el abogado litigante de una conciencia recta, de una imparcialidad absoluta, de lealtad, de honradez, del examen cuidadoso del espíritu de la norma; de la realidad del caso concreto. El juez es el garante de nuestra seguridad, de nuestra libertad, del imperio del orden jurídico y de la realización de la justicia. Por ello, se dice que cuando los jueces tienen miedo, ningún ciudadano puede dormir tranquilo.

LOS MANDAMIENTOS DE LOS JUECES

Así como Couture hizo *Los Mandamientos del Abogado*, yo pensaría que Cervantes ha hecho los mandamientos de los jueces, en los preceptos que don Quijote da a Sancho Panza cuando va a gobernar la Ínsula de Barataria y que dicen:

Nunca te guíes por la ley del encaje, que suele tener mucha cabida con los ignorantes que presumen de agudos.

Hallen en ti más compasión las lágrimas del pobre, pero no más justicia, que las informaciones del rico.

Procura descubrir la verdad por entre las promesas y dádivas del rico como por entre los sollozos e importunidades del pobre.

Cuando pudiere y debiere tener lugar la equidad, no cargues todo el rigor de la ley al delincuente; que no es mejor la fama del juez riguroso que la del compasivo.

Si acaso doblares la vara de la justicia, no sea con el peso de la dádiva, sino con la de la misericordia.

Cuando te sucediere juzgar algún pleito de algún tu enemigo, aparta las mientes de la injuria, y ponlas en la verdad del caso.

No te ciegue la pasión propia en la causa ajena; que los yerros que en ella hicieres, las más veces serán sin remedio; y si le tuvieren, será a costa de tu crédito, y aun de tu hacienda.

Si alguna mujer hermosa viniere a pedirte justicia, quita los ojos de sus lágrimas y tus oídos de sus gemidos, y considera de espacio la sustancia de lo que pide, si no quieres que te anegue tu razón en su llanto y tu bondad en sus suspiros.

Al que has de castigar con obras no trates mal con palabras, pues le basta al desdichado la pena del suplicio, sin la añadidura de las malas razones.

Al culpado que cayere debajo de tu jurisdicción considérale hombre miserable, sujeto a las condiciones de la depravada naturaleza nuestra, y en todo cuanto fuere de tu parte, sin hacer agravio a la contraria, muéstratele piadoso y clemente, porque aunque los atributos de Dios todos son iguales, más resplandece y campea a nuestro ver el de la misericordia que el de la justicia.

El juez que solicita o acepta dádivas; que inclina su criterio a las influencias o recomendaciones; que se somete al poderoso, que viola conscientemente la Ley, que retarda la justicia; que se doblega ante el temor o la ambición, está envileciendo un magisterio que es sagrado y prostituyendo la más noble de las profesiones.

DELITOS CONTRA LA ADMINISTRACIÓN DE LA JUSTICIA

E<small>L</small> C<small>ÓDIGO</small> P<small>ENAL</small>, en su artículo 255 enumera los delitos contra la administración de justicia cometidos por los servidores públicos y, entre ellos, figuran los de conocer de negocios para los cuales tengan impedimento legal o abstenerse de conocer los que les corresponde, sin tener impedimento legal para ello; litigar por interpósita persona cuando la ley les prohibe el ejercicio de su profesión; dirigir o aconsejar a las personas que frente a ellos litigan, dictar a sabiendas una resolución de fondo y hasta sentencia definitiva, que sean impulsadas por violar algún precepto determinado de la Ley o ser contrarias a las actuaciones seguidas en juicio o al veredicto de un jurado u omitir dictar una resolución de trámite, de fondo, o una sentencia definitiva dentro de los términos dispuestos por la Ley. En general, realizar actos que beneficien a una parte en perjuicio de otra; actos que lesionen la libertad de los individuos; dictar resoluciones o ejecutar actos que sean notoriamente contrarios a la Ley, así como aquéllos que favorezcan sus intereses de manera ilícita o aprovechando su cargo. Pienso, además, que en este caso es aplicable a los administradores de justicia la disposición que prohibe a los servidores públicos en general favorecer intereses de sus parientes hasta el cuarto grado y de personas con las que comparten intereses económicos y sociales. La corrupción a todos contamina y a todos agrede; pero hay que luchar contra ella.

JUSTICIA RETARDADA

E SPECIAL MENCIÓN merecen las fracciones VI y VIII del artículo 225, cuando consideran delito la omisión de dictar una resolución de trámite de fondo o una sentencia definitiva dentro de los términos dispuestos por la Ley o retardar o entorpecer maliciosamente o por negligencia la administración de justicia.

A este respecto conviene recordar el viejo apotegma de que justicia retardada no es justicia. Molierac nos menciona una Capitular de Carlo Magno en que se decía que si el juez tardaba en pronunciar sentencia, *el litigante podría irse a vivir con él, con lecho y mesa a sus expensas.*

A veces, en INFONAVIT, se me ha antojado establecer una disposición semejante para los constructores que no terminan a tiempo las casas de los trabajadores .

CONCIENCIA RECTA

E L TEMA es tan rico y se presta a tantas reflexiones que pudiéramos seguirnos extendiendo acerca de él mucho tiempo y si cambiáramos impresiones encontraríamos una materia prácticamente inagotable sobre la cual hablar.

Estoy seguro de que las normas generales no sirven para resolver todos los actos que la vida nos ofrece; el abogado trata con la miseria y la flaqueza humana. El cliente le revela muchas veces no sólo las injusticias de que ha sido víctima, sino las que él ha cometido. Sus tropiezos, sus actos de violencia, su incumplimiento al derecho y la moral, y el abogado tiene que enfrentar, depurar, aconsejar en justicia y buscar que el derecho se aplique al menos para amortiguar, en lo que lícitamente sea posible, la responsabilidad.

El abogado asume los problemas de los pobres y las causas reñidas y peligrosas. Su ministerio lo obliga a no dejar indefenso al miserable ni dejar, tampoco, al culpable solo con la vergüenza de su culpa.

Quizá es muy fácil hablar desde una cátedra de las normas de ética profesional; pero ya no es tan sencillo cuando cada uno de nosotros se enfrenta a los problemas que la realidad le ofrece. Sin embargo, una conciencia recta y bien formada nos ayudará siempre a hacer también, un juicio justo. Dejo a ustedes las ideas que hoy me he permitido exponer, como motivo de reflexión y como una materia para que mediten en la soledad de su despacho y en la intimidad de su propia conciencia.

EL DERECHO AL SERVICIO DEL HOMBRE

Pero de algo debemos estar ciertos. El derecho es un instrumento al servicio de la justicia. No hay justicia si no se respetan la libertad y el orden. La seguridad y los medios que el derecho escoge para realizar su función deben estar también al servicio del hombre, fin último de toda la colectividad; para enaltecerlo y que se realice en plenitud. El hombre con todas sus miserias y con toda su dignidad que culmina y corona el universo. El Salmista dice dirigiéndose a Dios y a propósito del hombre: *Lo hiciste poco inferior a los ángeles y lo coronaste de gloria y magestad. Le concediste imperio sobre las obras de tus manos. Todo lo has puesto debajo de sus pies.*

PROPOSICIÓN PARA CREAR UN CURSO
DE ÉTICA PROFESIONAL

Pᴵᴱᴺˢᴼ ǫᴜᴱ, en estos momentos en que el mundo atraviesa por una crisis de valores y en que la juventud se debate en la búsqueda de ideales y de normas que orienten su vida, sería muy oportuno sugerir que se estableciera en las escuelas de Derecho un curso de ética profesional que podría ser impartido en el último año o en el último semestre, mediante la forma de conferencias semanales, sustentadas por representantes de diversas especialidades de nuestra profesión: abogados litigantes; especialistas en derecho civil, mercantil y penal; jueces, agentes del ministerio público, abogados al servicio del Estado; abogados corporativos y asesores o consultores de empresas.

De esta manera, al concluir sus estudios, los abogados quedarán informados sobre los principios morales que deben regir el ejercicio de su actividad profesional. Para que la ética impere plenamente en el mundo del Derecho y de quienes lo solicitan o lo aplican, es importante que sus principios se extiendan a todos los ámbitos y especialidades de la profesión.

La probidad de los jueces puede verse asediada y seducida por las acechanzas del litigante y, a su vez, la rectitud del abogado litigante puede verse sometida a duras pruebas cuando falta probidad en los jueces.

La aplicación y la realización de la justicia es obra conjunta de litigantes y de juzgadores. El litigante presentando la defensa de su cliente y el juez determinando la justicia del caso concreto, después de escuchar los alegatos de las partes. Ambos son coadyuvantes en la realización de la justicia.

HUMANIDAD Y JUSTICIA

Y PARA CONCLUIR de una manera amable, quisiera sólo citar un pasaje del prólogo de Calamandrei a la edición alemana de *El Elogio de los Jueces, escrito por un Abogado.* Dice en este prólogo el maestro de Florencia que *el sistema judicial óptimo será aquél en que los jueces y los abogados, unidos por recíproca confianza, busquen la solución de sus dudas, más que en la presente doctrina, en la viva y fresca humanidad.* El significado de todo el libro, dice Calamandrei, *se halla en la sigla o cifra que desde la primera edición italiana retorna, como motivo intermitente en cada final de capítulo: la balanza que sobre uno de los platillos soporta dos gruesos volúmenes in folio, en el otro sostiene el leve donaire de una rosa; y en contraste con las leyes físicas, se observa que en esa balanza la rosa pesa más que los gruesos libros. Y es que para que la justicia funcione humanamente, se necesita que la balanza se incline del lado de la rosa.*

José Campillo Sainz

RESPONSABLES DE LA PUBLICACIÓN

Eduardo Cardoso Valdés
Rubén Contreras Santiago
Jaime Gómez Crespo
Antonio Guerrero Mora
Hilda Hernández de Araiza
Ma. Teresa Hernández Arizti
Ma. de Lourdes Jiménez Codinach
Jorge Solórzano Zínser
Alan Tanús Meurehg
Fernando Toral Fonseca
Marco Aurelio Torres H. Mantecón
Salvador Villaseñor Arai

ÍNDICE

63

Se terminó esta obra el día 30 de noviembre de 2018 en
CASA ALDO MANUZIO
Flamencos 72, Col. San José Insurgentes
C. P. 03900, Ciudad de México

AL   DVS